AFFAIRES

DU

MEXIQUE.

———

EXTRAIT DE LA REVUE INDÉPENDANTE,

Livraison du 10 décembre 1845.

Paris. — Imp. SCHNEIDER ET LANGRAND, rue d'Erfurth, 1.

AFFAIRES DU MEXIQUE.

« Monsieur le Directeur,

« Je suis Mexicain ; j'aime beaucoup mon pays, mais j'aime encore plus la vérité, et je crois faire acte de bon citoyen en la mettant sous les yeux du public. Dans les circonstances difficiles où nous nous trouvons, c'est, à mon avis, le meilleur moyen de rétablir les bonnes relations dont tout Français et Mexicain doit désirer le maintien entre les deux nations.

« Un déplorable incident survenu il y a quelques mois a soulevé des difficultés graves entre les deux gouvernements ; les faits qui s'y rattachent ne sont pas bien connus. Je les trouve assez exactement reproduits dans un journal de mon pays, le *Siglo* du 28 août. Comme ce récit des faits me paraît devoir contribuer à éclairer l'opinion publique sur le regrettable événement dont j'ai à m'occuper, j'ai l'honneur de m'adresser à votre *Revue*, dont le titre seul est une garantie d'impartialité, espérant qu'on voudra bien y accueillir et insérer, à titre de documents, un extrait de cet article du *Siglo*, et d'un autre postérieur du 24 septembre (1).

J'y ajouterai un relevé des sentences prononcées par les tribunaux civils et militaires de Mexico, à la suite de l'enquête judiciaire qui fut

(1) Cet article a été fait en réponse de celui qu'avait inséré le journal des *Débats*, sur les événements du 25 mai.

1845

ordonnée par le gouvernement sur les événements du 25 mai dernier; l'autorité de la chose jugée devant être d'un grand poids quand il s'agit d'apprécier des faits de cette nature.

« Agréez, monsieur, l'expression de mes sentiments les plus distingués,

« Un Mexicain. »

I.

EXTRAIT DU SIGLO.

Cessation des relations diplomatiques entre la France et le Mexique. — Conduite et prétentions de M. le baron Alley de Ciprey, envoyé extraordinaire et ministre plénipotentiaire de France à Mexico.

M. le ministre plénipotentiaire de France à Mexico a notifié au gouvernement de la république l'interruption des rapports diplomatiques, entre son gouvernement et le nôtre, et a demandé ses passeports. Cet événement est trop grave pour que nous n'ayons pas à cœur de faire connaître au monde politique la vérité, sur le différend qui est venu interrompre les bonnes relations existant entre la France et le Mexique.

La cause des difficultés survenues entre M. le baron Alley de Ciprey et notre gouvernement est étrangère à la diplomatie, aux intérêts commerciaux, à toute question internationale; c'est un fait purement personnel et il a donné lieu à une enquête judiciaire, à un procès criminel, sur lequel les tribunaux ont prononcé. C'est donc au procès instruit sur les événements du 25 mai que nous emprunterons le récit des faits.

Le 25 mai dernier, les palefreniers de M. le baron menèrent ses chevaux à un lieu destiné à baigner les animaux, appelé Bains des délices. Un chien qu'on baignait dans ce moment effraya les chevaux par ses aboiements; les domestiques de M. le baron voulurent maltraiter cet animal; les gens de l'établissement s'y opposèrent; de là une dispute entre eux, dispute que le régisseur de l'établissement apaisa à l'instant, sans que personne eût reçu la moindre égratignure.

Les domestiques de M. le baron se retirèrent alors, et l'administrateur de l'établissement leur ayant demandé les *deux réaux et demi*

(1 fr. 50 c.) qu'ils devaient pour le bain de leurs chevaux, ils refusèrent de les payer, sans qu'il fût pour ce déni exercé sur eux ni menace, ni violence. Ils abandonnèrent donc au milieu de la rue un de leurs chevaux pour servir de gage au propriétaire des bains, qui se vit alors forcé de le prendre, non pour s'assurer du paiement d'une somme aussi minime, mais pour ne point le laisser errant à la disposition du premier venu. Malheureusement les domestiques, *qui d'ailleurs sont convenus de ce fait dans le procès*, s'avisèrent de faire un faux rapport à M. le baron. Ils lui dirent que le cheval avait été retenu de force par le propriétaire de l'établissement. Son Excellence, alors, sans s'enquérir au préalable de la vérité des faits, sans envoyer aux bains un de ses employés, qui aurait pu terminer une question aussi peu importante, et sans s'adresser même à une des autorités, qui se serait empressée de lui rendre justice, arma une espèce d'expédition contre l'établissement des bains de *las Delicias*. Son Excellence ne se contenta pas d'emmener avec lui un Anglais qui se trouvait en ce moment à son hôtel, mais elle se transporta à la bourse, où elle s'adjoignit le secrétaire de la légation, ainsi que M. Gonzalve Pavia, sujet français. Accompagnée de ces trois personnages et d'un des domestiques qui avaient été aux bains, elle se rendit à cheval à l'établissement de las Delicias. Là elle trouva l'administrateur, ainsi que l'alcalde de l'arrondissement, M. Joseph-Maria Figueroa.

Sans nous arrêter aux déclarations de l'alcalde, de l'administrateur des bains, ni à celles des garçons de l'établissement et des nombreux témoins qui, devant le juge instructeur, ont unanimement nié les insultes et les mauvais traitements dont M. le baron et les personnes de sa suite se sont plaints, nous ferons observer que des aveux de ceux-ci et des faits acquis au procès, il est résulté qu'ils sont venus armés de pistolets chargés et de sabres à l'établissement des bains. Là se se trouvaient le régisseur et l'alcalde, le premier disposé à remettre le cheval qu'il n'avait nullement retenu, le second dans le simple exercice d'une mission d'ordre public. Or la moindre réflexion sur la position respective des individus qui figurent dans cette misérable querelle, suffit pour décider d'où a dû venir la provocation, et quel a été le véritable auteur du tumulte. Qu'il y ait eu de la part de M. le baron ou des personnes qui l'accompagnaient des violences déplorables, c'est ce qui est hors de doute; car le juge d'instruction a fait constater sur les gens de l'établissement la marque des coups de cravache qu'ils avaient reçus, sans que de leur côté, ils aient rendu un seul coup pour leur légitime défense. De plus, ces faits se sont passés sous les yeux de M. le ministre de France, sans qu'il ait daigné les réprimer ; et comment l'aurait-il fait, quand lui-même était occupé à maltraiter l'alcalde. On a la déclaration de celui-ci, affirmant que le ministre de France lui a même tiré un coup de pistolet, fait qui n'est pas acquis au procès d'une manière irréfragable, mais qu'on serait tenté de croire possible, quand on voit M. Alley de Ciprey, dans sa note du 25 mai au ministre des affaires étrangères, dire : *Le ministre de France se vit obligé de mettre le pistolet à la main pour forcer la populace à s'éloigner. Pour pouvoir se retirer avec moins de risque, le soussigné se vit forcé de tirer un coup de de pistolet sur les gens qui garnissaient la terrasse.* Lorsqu'un homme, revêtu d'une si haute dignité, avoue que, dans une querelle qu'il est aller chercher, il a *mis le pistolet à la main*, et qu'il a tiré un coup de pistolet sur des gens qui garnissaient une terrasse, le fait, dont l'accuse l'alcalde, acquiert une douloureuse vraisemblance. Pour achever de caractériser la conduite du ministre de France envers l'alcalde, nous emprunterons à la même note du 25 mai, au ministre des affaires étrangères, ce qui suit :

« Le soussigné ne doit pas omettre de dire, que l'alcalde Figueroa
« ayant été très-*impertinent*, avant de décliner sa qualité, il *lui toucha*
« *légèrement le menton avec le bout de sa canne*, en l'invitant à être
« plus *poli*. Lorsque cet alcalde se fit connaître, le soussigné lui fit ob-
« server qu'il était impossible de deviner qu'il fût revêtu de fonctions
« publiques, ne portant aucune marque de son autorité, et n'ayant
« pas déclaré sa qualité ; qu'on ne pouvait au surplus reconnaître, sous
« son costume, qu'il fût un officier public. »

Nous laissons à nos lecteurs le soin d'apprécier la manière polie avec laquelle M. le baron réclame des égards, et chacun saura qualifier, comme il convient, l'acte de toucher la figure d'un homme avec le bout d'une canne.

Quant aux personnes qui accompagnaient M. Alley de Ciprey, il est acquis au procès par l'aveu d'une d'entre elles, qu'elles avaient distribué des coups de manche de cravache.

Reprenons le récit des événements. La multitude attirée par la curiosité, s'exaspéra à la vue de tels excès, et fit éclater son indignation par des menaces, telles qu'elles inspirèrent des craintes sérieuses à l'alcalde. Celui-ci, avec une modération d'autant plus louable, que le ministre de France et ses compagnons ne lui en donnaient pas l'exemple, fit fermer la porte de l'établissement, pour empêcher que la multitude n'y pénétrât, et fit appeler la force armée au poste le plus voisin.

C'est ce que M. le baron a qualifié de détention arbitraire. Mais il était si peu prisonnier, qu'ayant témoigné le désir de se retirer, il ouvrit lui-même la porte et sortit sans la moindre opposition, suivi de M. Pavia et de son domestique. Il traversa ainsi la foule contenue par l'alcalde et par d'autres honorables citoyens. Cependant l'émeute ne discontinuait pas, et vociférait sans doute des injures; c'est alors que M. de Ciprey tira sur la foule un coup de pistolet, ainsi qu'il le déclare lui-même dans sa note au ministre des affaires étrangères.

Dès que M. de Ciprey fut dehors, l'alcalde fit de nouveau fermer la porte de l'établissement, avant que M. Goury et M. Davidson fussent sortis. C'est ce que M. le baron qualifie de seconde détention arbitraire à l'égard du secrétaire de sa légation. Toutefois des scènes déplorables se passaient à l'intérieur de l'établissement. La populace occupait des terrasses qui dominaient la cour des Bains, et de là lançait des pierres. Une d'elles atteignit M. Goury et le blessa légèrement à la tête. C'est ce que M. le baron qualifie de tentative d'assassinat sur la personne de son secrétaire. L'alcalde pourtant fit tous ses efforts pour contenir la populace, et conduisit M. Goury et M. Davidson dans un lieu où les pierres ne pouvaient les atteindre. Le témoignage de M. Davidson sur ce fait est acquis au procès.

Sur ces entrefaites, la force armée requise par l'alcalde arrivait, et rencontrait M. le baron, suivi d'un domestique, le sabre en main. L'officier qui commandait le piquet ordonna à M. de Ciprey de faire halte. D'après la déclaration de cet officier, de ses soldats et de tous les témoins entendus au procès, le ministre de France aurait poussé son cheval contre l'officier, et lui aurait présenté la bouche de son pistolet, et celui-ci, se voyant ainsi menacé, aurait tiré l'épée pour sa légitime défense,

Dans sa note que nous avons déjà citée, M. Alley de Ciprey dit : « *le « soussigné* continua à s'éloigner au galop, et il arrivait à l'extrémité « de la rue, lorsqu'un officier, à la tête d'une douzaine d'hommes, se « précipita au-devant de son cheval et l'arrêta. Le soussigné se fit « connaître comme ministre de France. L'officier n'en tint compte, et « répondit sèchement qu'il ferait son devoir, et il força le ministre de « France à retourner aux bains des Délices. » Quoi qu'il en soit de ces déclarations des deux parties, le bon sens dit qu'un officier à pied ne se précipite pas au-devant d'un cheval lancé au galop. Les choses ne se sont donc pas passées comme le dit le ministre de France, et il est évident que si l'officier qui commandait le piquet ne tint pas compte de la déclaration que lui fit M. Ciprey de sa qualité, c'est qu'il y était autorisé par l'attitude de M. le baron, et qu'en lui répondant qu'il faisait son devoir en l'arrêtant, il disait vrai. Quand le ministre de France conduit au poste, fut reconnu par l'officier qui le commandait, il fut immédiatement relâché.

Nous empruntons encore à la note de M. de Ciprey des détails qui méritent d'être connus « Le ministre de France ajoute qu'au moment « de son arrivée à la citadelle, les soldats volèrent un de ses pistolets « dans les arçons de sa selle, et enlevèrent le sabre qui était pendu à « la selle du cheval de son domestique. Il en porta plainte au com- « mandant du poste, qui dit quelques mots à un sergent, et peu de « moments après, le pistolet fut remis au soussigné, mais jusqu'à « présent on n'a pas remis le sabre du domestique, qui est également « la propriété du soussigné. »

Le pistolet n'avait donc pas été volé, et le sabre a été retenu ; mais il sert de preuve que M. le ministre de France ne se contentait pas de marcher armé de pistolets d'arçons chargés, mais qu'il se faisait suivre d'un domestique armé d'un sabre.

Tels sont les faits consignés dans le procès, et nous avons dû les rapporter, afin qu'on apprécie avec connaissance de cause les raisons qu'a pu avoir le ministre de France de se plaindre, et qu'on puisse juger jusqu'à quel point son honneur personnel et sa haute dignité, compromis dans une misérable querelle, devaient recevoir la satisfaction qu'il a impérieusement demandée. Le gouvernement mexicain, d'après la note explicative même de M. Alley de Ciprey, avait le devoir, avant d'accorder satisfaction, de s'assurer, par une enquête judiciaire, si M. le ministre de France n'avait pas abusé de sa position pour insulter des hommes désarmés, et que rien n'obligeait à se laisser injurier et frapper par la légation française. C'est ce que le gouvernement mexicain a fait, et le verdict qui a acquitté l'alcalde, le régisseur, les garçons des bains et l'officier Oller, prouve la sagesse de sa détermination.

Voyons maintenant comment la question internationale a été engagée par M. Alley de Ciprey, qui n'a cessé de se montrer passionné et injuste dans toute cette affaire.

Nous avons dit que le jour même de l'événement, le 25 mai, M. Alley de Ciprey adressa au ministre des affaires étrangères une note dans laquelle il exposait les faits à sa guise. Nous en avons cité plusieurs passages ; nous les compléterons par les conclusions qui la terminent :

« Le soussigné se résume : L'alcalde Jose-Marie Figueroa a détenu

« le ministre de France dans la cour des bains, en faisant fermer les
« portes de cet établissement. Il a essayé de faire pénétrer dans cette
« cour, pour l'assister, une foule qui criait : *Mort aux Français !* et
« la contenance seule du ministre de France a forcé cette multitude à
« reculer ; il a empêché M. Goury de Roslan de sortir, et, au lieu de
« le protéger, il a commis lui-même, ou il a laissé commettre, sur la
« personne du secrétaire de la légation, un commencement d'assassi-
« nat ; de la maison où il exerçait son autorité, il a laissé lancer des
« pierres et tirer un coup de carabine sur le ministre de France.

« Par toutes ces circonstances, le ministre de France dénonce l'al-
« calde auxiliaire Jose-Marie Figueroa, comme ayant violé le droit
« des gens à l'égard du représentant du roi des Français, comme
« étant le provocateur ou le complice d'une tentative d'assassinat sur
« la personne du même représentant, et d'un commencement d'assas-
« sinat sur la personne de M. Goury de Roslan, secrétaire de la léga-
« tion de Sa Majesté.

« Et l'officier Oller, pour avoir violé le droit des gens, commis un
« attentat impardonnable à l'égard du ministre de Sa Majesté, et avoir
« offensé grièvement le caractère dont ce ministre est revêtu.

« Le ministre de France se doit à lui-même ; il doit au gouverne-
« ment de Sa Majesté, il doit, enfin, au maintien des droits sacrés des
« représentants des nations de demander :

« 1° Que la punition la plus sévère soit infligée à l'alcalde Jose-
« Marie Figueroa, violateur du droit des gens, provocateur ou com-
« plice de tentative et commencement d'assassinat sur les personnes
« du ministre de France et sur celle du secrétaire de la légation ;

« 2° Que l'officier d'artillerie Raphaël Oller soit destitué et subisse
« une punition exemplaire pour avoir violé le droit des gens en arrêtant
« le ministre de France, et en le faisant conduire à la citadelle au mi-
« lieu de ses soldats ;

« 3° Que l'individu qui a tiré un coup de carabine au ministre de
« France, qui sera facilement reconnu par M. Pavia, soit exécuté
« comme assassin (1) ;

« 4° Que les gens de la maison des bains, qui tous lançaient de
« l'Azotea des pierres au ministre de France, soient sévèrement
« châtiés ;

« 5° Que le propriétaire de cette maison, qui a fait maltraiter les

____

(1) M. Pavia, mis en présence des garçons des bains et d'autres individus arrêtés,
n'a pu reconnaître personne comme auteur du prétendu coup de carabine ; fait
qui est contredit par tous les témoins entendus dans l'instruction.

« gens du ministre de France et qui a provoqué cette scène scanda-
« leuse, soit également puni. »

Nous qui ne connaissons d'autres pièces, que celles qui sont au procès, aujourd'hui jugé publiquement, nous ignorons la réponse que le
gouvernement a faite à M. le baron. Cependant nous voyons, par les
notes qui ont été passées au pouvoir judiciaire, que notre ministre des
affaires étrangères a envisagé la question sous son véritable point de
vue.

Le ministre de France, dénonçant la perpétration d'un crime qui,
suivant sa propre demande, emporte la peine capitale, l'affaire devait
être déférée aux tribunaux, seul pouvoir qui, dans un pays constitutionnel, connaît des délits et prononce des arrêts. La négation de ce principe
tutélaire de la liberté et de la vie des citoyens est pourtant la base de
toute la négociation qui a eu lieu entre M. Alley de Ciprey et le gouvernement mexicain.

Celui-ci, après avoir épuisé tous les moyens administratifs que les
lois lui accordent, a recommandé aux tribunaux d'apporter la plus
grande célérité dans l'instruction de ce procès, et leur a enjoint de lui
rendre compte, jour par jour, des progrès de l'enquête. De leur côté, les
tribunaux, voulant répondre à la juste sollicitude du gouvernement, ont
consacré tout leur temps et leurs veilles à cette affaire. N'oublions pas
de dire que l'alcalde, le régisseur et les garçons des bains, ainsi que
l'officier Oller, ont été arrêtés, aussitôt que la plainte du ministre de
France a été reçue par le gouvernement, et que leur détention a duré
jusqu'au prononcé de l'arrêt.

Le procès de l'officier Oller a été instruit par l'autorité militaire :
on verra plus bas la sentence. Les autres personnes ont été jugées
par les tribunaux ordinaires ; nous donnerons aussi le texte de leur
sentence. Le pouvoir judiciaire n'a donc donné aucun sujet de plainte ;
mais l'impatience fébrile de M. le ministre de France s'arrangeait mal de
ces lenteurs forcées des tribunaux, quelle que fût d'aileurs leur acti-
vité, et, sans attendre les sentences qu'ils étaient appelés à prononcer,
il a poursuivi le gouvernement mexicain des demandes les plus extraor-
dinaires, soutenues sans mesure, ni respect pour l'indépendance du
pouvoir judiciaire. Ces réclamations inadmissibles ont forcé le gouvernement à délivrer à M. Alley de Ciprey les passeports qu'il a ité-
rativement demandés.

Examinons donc les prétentions de M. Alley de Ciprey, afin
qu'on ne puisse nous accuser d'inexactitude : Nous citerons littéralement les paroles du ministre de France, et nous ferons, sur chacune

de ses assertions, les observations qui nous semblent convenables dans une discussion aussi importante.

« Le gouvernement mexicain, dit M. le baron, dans son mémoran-
« dum du 29 juillet, comme l'ont entendu ceux qui étaient présents au
« conseil de guerre du capitaine Oller, paraît s'être engagé dans des voies
« qui, loin de conduire à une prompte et convenable solution, tendent
« à compliquer la question du droit international qui domine dans cette
« affaire. La question est fort simple ; elle ne se divise qu'en deux
« points : le premier est celui où l'alcalde Figueroa a retenu le ministre
« de France enfermé dans une cour, malgré ses réclamations et quoi-
« que sa qualité eût été reconnue ; le deuxième est celui où l'officier
« Oller, requis par l'alcalde, a arrêté le ministre de France et l'a con-
« duit à la citadelle au milieu de ses soldats, comme un criminel. —
« Ces deux faits sont patents ; on ne peut les contester. Si on les avait
« soumis à un jury, ils auraient été résolus affirmativement, et la peine
« qui s'y rattache aurait obtenu son application. A défaut de jury, le
« juge aurait dû la proposer, la résoudre suivant l'évidence des faits et
« prononcer *la peine.* — Quelle doit être cette peine ? — Elle est dé-
« terminée par la qualification du crime. Les faits de cette espèce,
« c'est-à-dire les attentats contre l'inviolabilité des ministres publics,
« sont réputés *crimes d'État,* d'après le droit des gens ; en consé-
« quence, la *peine attachée à ce crime* doit être appliquée à l'alcalde
« Figueroa et à l'officier Oller. — Le *gouvernement,* au lieu de s'ar-
« rêter à cette proposition principale, *paraît avoir permis aux juges*
« de confondre les questions accessoires avec celle qui forme le fond de
« la plainte du ministre de France. Les questions accessoires donnent
« matière à un second procès pour tentative d'assassinat contre la per-
« sonne du ministre et contre celle du secrétaire. L'officier Oller n'est
« pas compris dans ce dernier fait ; mais l'alcalde Figueroa est complice
« de ce crime, soit par voie de faits, soit par provocations, soit enfin
« par tolérance ou par l'inaction dans laquelle il est demeuré pendant
« cette tentative d'assassinat. Le propriétaire ou l'administrateur des
« bains est aussi complice de ce crime, et l'individu qui a tiré le coup
« de carabine sur le ministre de France est le plus coupable de tous,
« dans cette scène barbare et sans exemple...

« Ce mémorandum, ajoute encore M. le baron, a pour objet de si-
« gnaler le vice qui se trouve dans la marche qu'on a adoptée dans
« cette affaire ; d'établir la distinction qu'il convient d'admettre entre
« le procès instruit contre les personnes prévenues de tentative d'as-
« sassinat, et l'accusation présentée par la légation de Sa Majesté con-
« tre les deux fonctionnaires qui ont outragé le roi, son souverain, dans

« la personne de son envoyé extraordinaire et ministre plénipotentiaire.
« Quoique la réparation promise par le cabinet mexicain s'étende *à tous*
« *les faits dont le ministre de France s'est plaint,* il est du devoir et
« de l'obligation du gouvernement mexicain de donner d'abord une
« prompte réparation pour la violation du droit des gens, faisant qu'il
« soit procédé ensuite, en la forme ordinaire, contre la tentative d'as-
« sassinat. »

Eh bien, comment ne pas reconnaître que cette prétention est tout
à fait illégale et contradictoire avec les demandes mêmes du ministre de
France ? Les juges, en n'établissant qu'une seule cause, ont parfaite-
ment agi, car, conformément aux principes de la jurisprudence et même
aux notions du bon sens, lorsqu'il est question d'actes criminels, perpé-
trés par les mêmes personnes, commis sans interruption les uns après
les autres, et ayant tous des rapports entre eux, on enfreindrait les rè-
gles de la procédure et on entrerait dans « *une voie propre à tout confondre* » si on les jugeait séparément. » Nous oserons croire que M. le
baron ne trouverait, ni au Mexique ni en France, un seul jurisconsulte
qui partageât son opinion. En vérité, la distinction établie par Son Excellence est des plus étranges : supposer que la privation momentanée
de la liberté d'un ministre étranger est un attentat contre le droit des
gens, et que la tentative d'assassinat sur le même fonctionnaire n'en
est pas un, c'est quelque chose d'inouï. Jusqu'à présent, nous avions
vu généralement admis : que toute violence ou tout délit commis sur un
ministre étranger, est un crime contre le droit des gens. M. le baron
lui-même, malgré cette subtile distinction, qu'il veut maintenant intro-
duire, a commencé cette affaire en invoquant ce principe et en se
plaignant indistinctement de tous les attentats, qu'il supposait avoir été
commis contre sa personne et contre les gens de sa suite. D'où vient
qu'il en déduit aujourd'hui leur division ? Pourquoi n'a-t-il pas fait va-
loir la nécessité de cette disjonction dès le commencement ? C'est vrai-
ment inexplicable. Nous laissons donc à d'autres le soin de pénétrer la
cause de ce changement ; quant à nous, nous finirons en disant qu'une
pareille prétention, contraire à ce que M. Ciprey a demandé antérieure-
ment, est inadmissible et illégale.

Il y a plus ; alors même que nous voudrions faire abstraction des
principes généraux que nous avons cités, il aurait été impossible de
tenir, ce que M. le baron appelle délit principal, séparé de l'accessoire.
Son Excellence doit savoir que la simple action de fermer la porte d'un
établissement public, dans lequel se trouve un ministre étranger, n'est
réputée délit par aucune législation.

Pour décider que cette action était un délit dans ce cas, il fallait auparavant savoir si l'ordre avait été donné avec l'intention de priver M. le ministre de sa liberté. Et comment s'y prendrait M. le baron Ciprey pour vérifier ce point dans un procès, s'il lui était défendu de vérifier tous les antécédents du fait ? Examinons ! Voilà un juge ou un jury (nous dirons aussi jury, puisque Son Excellence veut que nous parlions de jury au Mexique), voilà donc un jury, appelé à se prononcer entre la déclaration de l'alcalde, qui assure avoir dicté cette mesure pour empêcher les assaillants de pénétrer dans l'intérieur, et l'affirmation de M. le baron, qui qualifie cette sage précaution de moyen de parvenir à la perpétration d'un assassinat ; or, comment, dans ce conflit, pourrait-on négliger de rechercher si l'alcalde, soit avant, soit après cet acte, n'avait pas, en effet, l'intention de protéger ou d'offenser. Et en supposant même que l'ordre de fermer la porte fût par lui-même un délit, M. le baron ne comprend-il pas que tout juge, avant de condamner, rechercherait si la privation de la liberté n'a eu d'autre but que d'imposer à l'offensé une mortification, ou bien si elle n'était pas la conséquence de quelque machination pour l'outrager plus sérieusement, ou peut-être pour l'assassiner, comme il a voulu le faire croire par ses notes ?

Il est triste d'avoir à discuter de telles choses, et de voir un ministre de France ignorer qu'un juge ne peut faire abstraction du fait matériel et de l'intention du fait ; que tout tribunal a besoin d'apprécier la culpabilité d'une action pour la punir, et que lorsqu'un délit a servi de moyen pour en consommer un plus grand, ces deux délits sont inséparables. La conduite du juge du Mexique, qui est attaquée par M. le baron, est donc irréprochable. Il a procédé dans la supposition que le délit principal était une tentative d'assassinat ; que ce délit était contre le droit des gens, parce qu'il aurait été commis sur un ministre, dont la personne est inviolable et sacrée ; que l'accusation d'avoir voulu empêcher la fuite de l'offensé se trouve intimement liée à la question principale, le délit d'assassinat, et qu'alors même que ce fait de séquestration serait certain, ce ne serait qu'un crime accessoire et nullement le crime principal. En cela le juge a prouvé qu'il était à la hauteur de ses fonctions ; nier ces lois, ces principes, c'est aller contre les notions les plus simples de la jurisprudence et du droit.

Après tout, M. de Ciprey qui représente un gouvernement constitutionnel et se mêle de commenter l'esprit de la loi fondamentale du Mexique, ne devrait pas ignorer que le pouvoir exécutif ne peut intervenir dans la procédure des tribunaux, ni donner des ordres aux juges pour qu'ils agissent de telle ou telle manière. Déterminer les formes de la procédure, c'est prononcer sur les garanties qu'auront les accusés ; c'est supposer la qualification avant les faits ; c'est obliger les tribunaux à exercer leur action d'une manière déterminée ; c'est, par conséquent, remplir une fonction éminemment judiciaire. Or, l'action des tribunaux peut-elle se soumettre à l'influence d'un autre pouvoir sans qu'il y ait renversement de tout l'ordre public?

L'opinion de M. le baron Ciprey, qui veut attribuer au pouvoir exécutif la direction du procès, est tellement erronée, que les arguments abondent pour la réfuter, et elle ne peut se concevoir que dans l'imagination de celui qui veut que le président de la république ait le droit de lui donner satisfaction directement. Ce point est si capital, qu'il nous sera permis d'insister sur les paroles qui justifient la vérité, tout à fait incontestable, de nos assertions.

Déjà nous avons rapporté plus haut littéralement les termes dont M. le ministre de France s'est servi pour déclarer « que non-seulement « il se devait à lui-même, mais qu'il devait aussi au gouvernement « de Sa Majesté et au maintien des droits sacrés des représentants des « nations de demander qu'il fût infligé *le châtiment le plus sévère* à « l'alcalde d'arrondissement, Joseph-Marie Figueroa, ainsi qu'à l'officier « Oller. » Et dans le mémorandum dont nous avons aussi parlé, il avance également qu'à ses yeux ces deux accusés sont coupables *de crimes d'État.* Par suite de ces faits, que M. le baron qualifie de délits principaux et qu'il voudrait voir juger avant ceux qu'il appelle accessoires; il arriverait que les accusés auraient à subir la peine *d'un crime d'État,* c'est-à-dire probablement la peine de mort.

Malgré cela, affirmant qu'il ne doit point attendre la décision des tribunaux, pour provoquer la rupture dont il est question dans son mémorandum, M. le ministre, après avoir cité diverses doctrines (qui ne prouvent autre chose, sinon que c'est un devoir des nations de punir les délits), reproche au président du Mexique de ne point lui avoir donné la *satisfaction* qu'il lui avait demandée, tout en cherchant à le convaincre qu'il est en son pouvoir de la lui accorder ; or voyons comment.

« D'après ces principes, dit M. le baron, et S. E. le président ayant « sous la main l'art. 85, qui fait peser sur lui une grande responsa- « bilité, le gouvernement mexicain fera-t-il encore attendre à la France « la satisfaction que lui a demandée le ministre de Sa Majesté ? — Cet « article recommande au président de veiller sur la *sûreté extérieure* « de la république. La première condition de la sûreté extérieure, c'est

« la paix. — *Qui veut la fin, veut les moyens. Ainsi le président a le*
« *droit de donner satisfaction pour* ASSURER LA PAIX, c'est-à-dire POUR
« GARANTIR LA SÛRETÉ EXTÉRIEURE. L'art. 85, qui vient d'être cité, *lui*
« *donne ce pouvoir*. — Il ne faut point se faire illusion ; la promesse
« faite par le gouvernement mexicain ne saurait être dérisoire, une
« condition sans effet, et il n'est pas permis de la différer comme dans
« beaucoup d'autres affaires. Cette *satisfaction* doit être complète et
« *satisfaisante*, c'est-à-dire en *rapport* avec la définition *du crime*,
« *telle que le veut le droit des gens*. L'honneur du gouvernement
« mexicain et sa réputation à l'extérieur y sont essentiellement inté-
« ressés, et le ministre de Sa Majesté ne peut, de son côté, transiger
« avec ce qu'exige l'honneur de la France. »

Comment répondre à ce raisonnement! On s'étonne de voir le représentant de la nation française, soutenir ces hérésies constitutionnelles.
Ignore-t-il que le pouvoir exécutif, ainsi que tous les autres pouvoirs,
doit se renfermer dans le cercle qui lui est tracé par les institutions
fondamentales ?

Singulier principe que celui qui autoriserait un fonctionnaire à faire
tout ce qui lui paraîtrait convenable pour atteindre le but qui lui aurait été recommandé ! de sorte que, sans sortir de l'exemple avancé
par M. le baron, le pouvoir exécutif, « pour veiller à la sûreté extérieure, » pourrait, sous le prétexte que celui qui *veut la fin veut les
moyens*, imposer des peines et dicter même des lois, n'est-ce pas dire
qu'il pourrait devenir despote et anéantir la constitution de l'Etat ?

Quel est l'homme politique ayant lu notre constitution, qui ne sache
qu'elle renferme ce principe commun à tous les peuples civilisés, que
« nul ne peut être jugé et condamné que par les *tribunaux* établis ;
de sorte que le pouvoir législatif, quoique le premier et le plus élevé
de tous les pouvoirs, est frappé de la restriction, bien superflue si
l'on veut, de n'imposer aucune peine, soit directement soit indirec-
tement ? »

A coup sûr, il n'existe pas un Mexicain qui n'admette comme vérité fondamentale, que le pouvoir exécutif ne peut imposer ni peine
ni châtiment pour les délits ordinaires soumis à l'action du pouvoir judiciaire, encore moins quand il s'agit de crimes pouvant faire encourir
aux prévenus la peine capitale.

Et bien, telles sont cependant les injustes prétentions de M. le ministre de France ; notre gouvernement les a repoussées, il a défendu
l'inviolabilité du pouvoir judiciaire, c'était son droit. Avant de remplir la promesse faite le jour même de l'événement, de donner satis-

faction compléte au ministre de France, il a attendu que les tribunaux eussent prononcé leur sentence, pour savoir ou étaient les délinquants, et connaître le degré de culpabilité ; est-ce donc qu'il a eu tort ? On a vu, il est vrai, que cette promesse faite par le ministre des affaires étrangères au moment où il témoignait à M. Alley de Ciprey les regrets amers que lui causait ce déplorable incident, a été en toute occasion invoquée par le ministre de France, comme une offre sans condition, mais M. le ministre oublie donc, qu'il n'y a pas d'effet sans cause, et qu'on ne pouvait lui offrir une satisfaction que dans l'hypothèse où il aurait reçu une offense. Or les tribunaux ont déclaré que M. Alley de Ciprey avait été le provocateur des scènes du 25 mai, et que les personnes mises en cause avaient été, les unes offensées et maltraitées par lui, et que les autres avaient rempli leur devoir. Malgré une conduite aussi sage, M. Alley de Ciprey a provoqué une rupture avec le gouvernement mexicain et a demandé ses passeports... Un fatal amour-propre et une irritabilité maladive l'ont poussé à cette extrémité.

Hommes éclairés et justes de tous les pays, soyez nos juges ! Examinez la conduite et les prétentions du ministre de France au Mexique. Soyez aussi sévères que vous voudrez, envers un pays qu'on insulte comme un peuple ignorant et barbare, et prononcez ensuite entre lui et le représentant de S. M. le roi des Français ! ! !

(Extrait du journal le *Siglo* 19, du 28 août 1845.)

II.

JUGEMENTS.

Extrait de la sentence prononcée le 12 août, dans le procès formé contre l'adjudant Oller, pour sa conduite à l'égard de M. le baron Alley de Ciprey, envoyé extraordinaire et ministre plénipotentiaire de S. M. le roi des Français , dans la journée du 25 mai 1845.

Vu le décret de M. le commandant général pour mettre en cause l'adjudant du 4e régiment de cavalerie, Raphaël Oller, accusé d'avoir insulté M. le baron Alley de Ciprey, et de l'avoir conduit en prison, dans la soirée du 25 mai de cette année ;

Vu toute l'instruction du procès en conseil de guerre d'officiers généraux, et présent l'accusé,

L'accusation du rapporteur et la défense de l'accusé,

Le conseil, attendu qu'aucune des charges portées contre l'adjudant Oller dans la plainte de M. le ministre de France, n'est prouvée, absout l'adjudant Oller et ordonne qu'il soit mis en liberté ; le temps de la détention qu'il a subie lui servira de punition, pour ne s'être pas mis à la disposition de l'autorité politique qui l'avait requis, et pour avoir agi par lui-même.

Suivent les signatures des treize membres qui composaient le conseil de guerre.

La sentence portée devant la cour martiale suprême, a été confirmée à la date du 10 septembre 1845.

Extrait de la sentence prononcée le 30 août 1845, dans le procès fait à l'alcalde Figueroa, au régisseur de l'établissement des bains Guerrero, et aux garçons de bains Hernandez et Ramirez, par suite des événements du 25 mai.

Attendu que les inculpés, d'après leurs déclarations, ne connaissaient pas M. le baron Alley de Ciprey, ni sa qualité de ministre de France, déclarations que rien ne contredit, et qui ont en leur faveur toutes les probabilités ; attendu que les inculpés appartiennent à une classe de la société qui n'a aucun rapport avec celle de l'envoyé de France, qu'en conséquence ils n'ont pu avoir l'intention d'attenter à l'inviolabilité de sa personne, ce qui exclut toute inculpation de crime d'Etat à l'égard d'un ministre étranger ; attendu que quand même celui-ci a pu décliner son nom au milieu du tumulte, rien ne constatait la vérité du fait, dont il était possible de douter dans de pareilles circonstances ; par conséquent, que la prévention doit être limitée aux délits ordinaires ;

Attendu que la querelle entre les palefreniers de M. le baron Alley de Ciprey ayant eu un terme, avant l'arrivée de celui-ci, elle ne peut être considérée que comme l'occasion et non l'origine des faits postérieurs ;

Attendu qu'il résulte des déclarations mêmes du cocher de M. Alley de Ciprey, le nommé Nava, que le cheval qui resta dans l'établissement des bains, fut par lui volontairement abandonné et nullement retenu par le régisseur ;

Attendu que de l'aveu même du cocher Nava et de Davidson qui accompagnait l'ambassadeur de France, en qualité d'ami, M. Alley de Ciprey arriva à l'établissement des bains, dans un état d'exaltation qui ne lui permit pas d'écouter les explications que le régisseur voulut lui donner;

Attendu qu'il ne résulte pas des déclarations mêmes des personnes qui accompagnèrent M. Alley de Ciprey à l'établissement des bains, quelles sortes de propos injurieux lui furent adressées par l'alcade et le régisseur, et qu'elles se sont renfermées, les unes dans les termes vagues à ce sujet, les autres dans le doute de se les rappeler, et que le cocher Nava a déclaré que, si l'alcade criait, ce n'était pas pour injurier, ni menacer M. Alley de Ciprey, mais pour se faire entendre au milieu du tumulte, et que d'ailleurs tous les autres témoins s'accordent à rendre hommage à la modération et à la prudence de l'alcalde, sans que personne ait accusé le régisseur d'avoir tenu des propos injurieux ;

Attendu que dans le fait d'avoir ordonné de fermer les portes de l'établissement, rien ne prouve que l'alcalde eut l'intention de retenir M. le ministre de France, et tout, au contraire, indique que cet ordre fut donné dans le but d'empêcher la populace assemblée de pénétrer dans l'établissement, et par là d'éviter de nouveaux malheurs;

Attendu qu'il n'existe pas un fait dans tout le procès qui vienne à l'appui de l'accusation portée contre l'alcalde, d'avoir voulu faire entrer la populace dans l'établissement;

Attendu qu'après la sortie de M. le baron, rien ne prouve que l'alcalde, en faisant de nouveau fermer la porte, eût l'intention de retenir M. Goury et M. Davidson, mais seulement de contenir la populace qui, à la sortie de M. le ministre de France, pénétra dans l'établissement ;

Attendu que dans l'accusation portée par M. Goury contre l'alcalde, sur le fait de lui avoir donné un coup de bâton, il se borne à dire qu'il *croit*, fait que repousse tous les antécédents de Figueroa, les nombreux témoignages déposés en sa faveur dans le procès sur sa modération à laquelle le compagnon de M. Goury, M. Davidson rend lui-même justice ;

Attendu que sur le fait du coup de carabine, parti, dit-on, de la terrasse de la maison, il n'existe que la déclaration de M. Alley de Ciprey, et si respectable qu'elle soit, elle ne peut être admise comme preuve absolue, car, si bien M. Pavia, une des personnes qui accompagnaient M. Alley de Ciprey, offrit d'indiquer l'auteur du fait, et signala la personne d'un des garçons du bain ; mis en présence de tous les garçons de l'établissement et autres, il n'a pas pu le reconnaître, et que d'ailleurs un grand nombre de témoins contredisent l'existence du fait, et quand bien même ce fait serait prouvé, il ne saurait retomber à la charge de l'alcalde Figueroa ;

Attendu que les déclarations de M. Davidson, une des personnes qui accompagnèrent M. Alley de Ciprey à l'établissement des bains, viennent à l'appui des témoignages de témoins impartiaux, assurant que M. le baron Alley de Ciprey, et les personnes qui l'accompagnaient ont dû leur salut aux efforts et au courage de l'alcalde Figueroa, fait sur lequel dans l'acte même du tumulte, l'alcalde Figueroa prit à témoin Davidson pour l'avenir, fait qui, rappellé par celui-ci dans les dépositions, a été confirmé par Davidson ,

Entendu les témoins à charge et à décharge, et les défenseurs ;

Vu qu'il résulte que les inculpés, loin d'avoir offensé M. le baron Alley de Ciprey et ceux qui l'accompagnaient, ont été par lui et ses compagnons, exceptant M. Davidson, eux-mêmes offensés, n'ayant opposé à l'offense que de la modération ;

Vu la loi 25, tit. 1, partida 7, et la loi 7 et 9, tit. 31, partida 7, le tribunal absout et renvoie de la plainte les prévenus, l'alcalde Figueroa, le régisseur Guerrero et les garçons de bains Hernandez et Ramirez.

Ce jugement doit être encore soumis à un tribunal supérieur.

***

PARIS. — TYPOGRAPHIE SCHNEIDER ET LANGRAND,
rue d'Erfurth, 1, près l'Abbaye.